AF314913

LE
DROIT AU TRAVAIL

COMME L'ENTENDENT

LES MONTAGNARDS.

Travaillez, prenez de la peine,
C'est le fonds qui manque le moins.
LA FONTAINE.

PAR

Un Républicain rouge.

Paris, 1849.—Imprimerie Bonaventure et Ducessois,
quai des Grands-Augustins, 55.

LE
DROIT AU TRAVAIL

COMME L'ENTENDENT

LES MONTAGNARDS.

OBSERVATIONS

SUR LE DROIT AU TRAVAIL.

Lorsqu'au 24 février 1848 le peuple, à bout de patience et de résignation, brisa la monarchie qu'il avait édifiée dans un moment de confiante erreur, qu'avait-il le droit d'attendre d'un ordre de choses issu des barricades? à quelles conditions un pouvoir populaire avait-il été substitué au régime bourgeois que la révolution venait d'anéantir? Entendait-on alors changer seulement une forme, un nom?... Ils seraient fous ou aveugles, ceux-là qui, sans tenir compte de l'impulsion progressive produite sur les masses par la période transitoire de 1830 à 1848, se refuseraient à reconnaître que le sang du peuple français versé par des soldats français sur les barricades de Paris doit être le précurseur d'une régénération sociale.

La République a été inaugurée, alors que le sang de nos martyrs fumait encore, sous cette condition virtuelle qu'il n'y aurait désormais ni patriciens ni plébéiens, ni grands ni petits. Plus tard, la Constitution a sanctionné ce principe en abolissant toute distinction de naissance,

1849

de classe ou de caste pour ne laisser de privilége qu'à la vertu, au travail, à l'intelligence ; en donnant à tous les citoyens un droit égal aux emplois, aux honneurs et aux libertés ; enfin, en inscrivant sur son frontispice cette trilogie sublime : *Liberté, Egalité, Fraternité.*

Le peuple est la révolution elle-même qu'il a faite pour lui et par lui, en y apportant des besoins nouveaux de travail, d'instruction, de moralité et de propriété, qui sont tous besoins d'ordre, de progrès et de paix intérieure ; il ne veut pas la guerre civile, dans laquelle son sang coule toujours pour retarder la marche de son émancipation ; ce qu'il veut c'est une discussion libre, loyale et éclairée, à l'aide de laquelle on arrivera sûrement et sans secousses à créer entre tous les citoyens cette solidarité de droits et de devoirs sérieux qui forment la base de la fraternité humaine.

Ceci posé, nous dirons à ceux qui nous gouvernent : Qu'avez-vous fait du pouvoir illimité que la nation a mis entre vos mains ? Le malaise s'est augmenté jusqu'à produire des actes de désespoir que vous avez réprimés sans pitié, sans en étudier et combattre la cause. Le peuple, qui souffrait de plus en plus, a tendu vers vous des regards suppliants pour vous demander la réalisation de promesses sacrées, et vous lui avez répondu que vous ne feriez rien pour lui tant que l'ordre ne serait pas convenablement établi. Il a attendu, patient et résigné ; il attend encore !

Vos efforts se traduisent chaque jour en débats personnels qui élèvent au pouvoir des hommes qui se déchirent et se renversent sans qu'il y ait plus de justice dans leur chute que de raison dans leur triomphe. Vous ne songez pas que votre habileté diplomatique, que votre talent oratoire et administratif importent peu à ceux-là qui veulent les améliorations matérielles pour lesquelles ils ont combattu.

Qu'importe à l'ouvrier, qu'importe au prolétaire que la Constitution leur ait donné des droits jusque-là réservés à une classe privilégiée, si les conséquences ne doivent pas changer. Pour qu'il rapporte ses fruits il faut que le droit d'élire les représentants soit compris par ceux qui l'exercent, et pour cela il est indispensable que l'instruction éclaire les masses, dont l'émancipation politique a commencé ; il faut que l'ancienne société se modifie si elle ne veut être un jour submergée dans le flot terrible des idées révolutionnaires ; il faut en un mot que le privilége cède la place au droit commun et à l'égalité.

Qu'on ne s'y trompe pas, si le peuple veut l'ordre et la paix intérieure sans lesquels il lui est impossible d'exister honorablement, il entend virtuellement maintenir à tout prix le principe qui lui assure sa souveraineté. Pas un des hommes qui siégent à l'Assemblée Législative n'eût été nommé, sans la promesse formelle de maintenir la Constitution républicaine. Toutes les circulaires électorales sont là pour prouver au besoin que si nos représentants songeaient à porter atteinte à ses droits, le peuple pourrait les regarder comme traîtres au pays et dépouillés du pouvoir dont ils étaient revêtus.

On croit le peuple envieux et vindicatif : c'est peut-être pour cela qu'on prend tant de précautions contre lui. Pourtant l'expérience a plusieurs fois démontré que les saturnales sanglantes qui ont taché trop souvent les pages de notre histoire politique ne sont pas toujours parties de l'initiative populaire ; laissons à l'histoire impartiale et sévère le droit de consigner la part qui revient à chaque parti dans les circonstances malheureuses de nos discordes civiles, et cherchons franchement et sans arrière-pensée les moyens d'en empêcher le retour.

On a depuis dix-huit mois étrangement abusé de quelques doctrines mises en avant par des hommes généreux plus qu'habiles peut-être, mais dont l'intention n'avait rien que d'honorable. Aux yeux des masses souffrantes, aux yeux de quelques bourgeois effrayés on a représenté les républicains véritables sous le nom de socialistes, de montagnards, comme voulant en principe la destruction complète et immédiate de la société actuelle ; on les a peints comme des brigands, des incendiaires, ne rêvant que pillage et assassinats, pour établir ensuite un pouvoir absolu sur les décombres sanglants d'un monde qu'ils auraient anéanti.

C'est à l'aide d'une semblable fantasmagorie que des intrigues égoïstes sont parvenues à marquer un temps d'arrêt dans la marche progressive et bienfaisante de la démocratie.

Avant de vouer en masse autant de citoyens à l'ostracisme, il fallait au moins examiner à fond leurs doctrines et leurs projets. Peut-être dans l'ivraie qui s'offrait de prime abord à leurs yeux, nos habiles eussent-ils, avec un peu d'attention, découvert quelques grains d'un froment salutaire ; ils ont mieux aimé perdre le froment que de se donner la peine d'examiner l'ivraie. Ce qu'ils ont perdu eût peut-être évité de grands malheurs.

Loin de nous la pensée présomptueuse d'avoir trouvé la panacée universelle. Si nous mesurions l'efficacité de nos moyens à la pureté de nos intentions, certes la France arriverait vite à l'apogée de ce bonheur que rêvent en secret tous les cœurs honnêtes ; mais un tel pouvoir n'appartient qu'à Dieu.

Cela ne nous empêche pas, malgré les injures auxquelles nous sommes en butte, malgré les calomnies les plus odieuses qu'on répand sur nous, malgré les persécutions de toutes sortes dont on nous accable, de croire qu'on doit et peut remplir les promesses faites au peuple après la révolution de Février.

Cela ne nous empêche pas de protester hautement contre ces insinuations criminelles qu'on a lancées contre nos intentions, qui sont toutes celles d'hommes d'honneur, d'ordre et de travail. Nous ne voulons des jouissances, des fortunes de personne acquises autrement que par notre travail ; si ces idées sont dangereuses, nous en sommes coupables. L'expérience du passé ne servira-t-elle donc jamais ? et serons-nous éternellement condamnés à voir les partis confisquer tour-à-tour, à leur profit exclusif, ces grandes circonstances que les révolutions font naître ?

Verrons-nous donc toujours des hommes arrivés au pouvoir oublier que la main de Dieu détruit quelquefois plus vite encore qu'elle n'a édifié, et que les vainqueurs de la veille ont souvent été les vaincus du lendemain. S'ils étaient pénétrés de ces pensées pleines de sagesse, nous en verrions moins d'errants sur la terre étrangère, en attendant un événement qui leur permette de proscrire à leur tour. Peut-être aussi le peuple ne serait-il plus dans la désespérante alternative de mourir de faim ou de traduire ses besoins par des balles fratricides.

Au nom de l'humanité, cessez donc cette guerre intestine qui n'engendre que haine et violence, vous que l'urne électorale a investis d'un pouvoir souverain. Sachez donc bien que l'exil, les prisons, les bagnes, l'échafaud même, sont impuissants à détruire une idée. Vous pourrez un à un faire disparaître tous les chefs de la démocratie sans que le principe en soit compromis.

La démocratie est éternelle comme le soleil ; comme lui un nuage peut l'obscurcir, mais l'éteindre... jamais.

Vous êtes chrétiens, Messieurs, consultez l'histoire, reportez-vous aux premiers temps de cette religion sublime que nous professons tous ; voyez les persécutions de ses premiers apôtres. A cette époque, vos devanciers, les patriciens de Rome disaient, comme vous aujourd'hui, que les disciples du Christ étaient des imposteurs qui ne voulaient rien autre chose que le renversement de l'ordre social. Vous voyez qu'ils étaient aussi des conservateurs. Continuez, Messieurs, cette histoire d'une époque qui offre beaucoup d'analyse avec la nôtre, et vous verrez que malgré les supplices inouïs de nos martyrs chrétiens, ou peut-être à cause de ces supplices, le christianisme a grandi à tel point qu'il a dominé le monde.

Jugez donc si vous êtes assez forts pour anéantir la démocratie, dont le germe est dans le cœur de tous les hommes comme son principe est celui de l'Évangile, c'est-à-dire *la Liberté, la Fraternité et l'Egalité.*

Ne ressemblez pas à ces idoles dont parle l'Écriture, qui ont des yeux pour ne pas voir et des oreilles pour ne pas entendre; sans quoi le torrent, devenu plus fort en raison de votre résistance, brisera en vous entraînant les digues que vous lui aurez opposées.

Qu'auriez-vous à répondre si dans un jour de colère légitimée par la misère et la souffrance le peuple vous disait ce que Dieu disait à Caïn : Qu'avez-vous fait de vos frères !... Répondrez-vous comme le meurtrier ?...

Pour Dieu, pour l'humanité, pour vous-mêmes, faites donc quelque chose pour ceux qui souffrent; montrez-leur que chez vous la fraternité n'est pas un vain mot. L'ouvrier n'est pas aussi exigeant qu'on voudrait le faire croire, allez; un peu moins de privations, un peu plus de travail, et il bénira ceux qui auront obtenu ce résultat. La bénédiction des malheureux est pourtant un grand bien dans cette vie; pourquoi donc ne vous efforcez-vous pas de la mériter ?

.Pour cela vous n'avez qu'à vouloir franchement les réformes sociales que nous demandons et qui sont la consécration forcée de la révolution de Février.

En première ligne vient le droit que nous tenons de la nature, et que la société ne saurait nous contester sans se rendre criminelle aux yeux de Dieu ; c'est le droit de vivre par le travail.

Comptant sur des promesses sacrées, nous avons ré-
clamé, vous nous avez dit d'attendre ; plus tard, pressés par
le besoin, nous avons hasardé quelques plaintes, on nous
a menacés. Aujourd'hui, si nous élevons la voix pour re-
vendiquer légalement ce que nous avons le droit d'espérer,
on nous répond par la prison et la cour d'assises. Indiquez-
nous donc le moyen de vous attendrir, vous que nous avons
faits forts et puissants pour le bonheur de la nation tout
entière.

Il est pourtant une mesure dont la justice est incontes-
table, quoiqu'on l'ait vainement réclamée jusqu'ici ; une
mesure qui doit fermer l'issue aux actes de désespoir que
la faim a tant de fois fait éclore et dont les conséquences
sanglantes se sont trop souvent renouvelées.

Cette mesure c'est le droit au travail.

Arrêtons-nous un instant, car ces trois mots ont effrayé
tant de monde qu'il est nécessaire d'atténuer par quelques
explications l'effet qu'ils produiraient encore dans des ima-
ginations prévenues.

Selon nos adversaires, selon ces hommes qui n'ont regardé la révolution que comme un moyen de substituer le
règne de l'argent à celui de la naissance, le droit au travail
est la ruine de la propriété, la destruction des positions
acquises, en un mot la justification de l'insurrection. C'est
l'intervention insolite et ruineuse de l'État dans les industries, c'est l'esclavage et la ruine de la France.

Quant à nous, démocrates par principes, qui avons ap-
pelé la révolution de toutes les forces de notre âme ; quant
à nous par qui le tocsin qui sonnait en Février était le
glas funèbre et irrévocable de toute les aristocraties, de
tous les priviléges ; quant à nous qui ne voyons de salut
possible que dans la démocratie pure et sans mélange, que
là où tous les hommes ont le même titre, celui de citoyens,
où tous les citoyens ont la souveraineté dont ils délèguent

l'exercice à ceux qu'ils croient les plus dignes, en se réservant toutefois de révoquer un mandat s'il dévie de son but véritable, nous ne voyons dans le droit au travail que l'exécution des lois de la nature, de la volonté de Dieu.

Le travail n'est pas une peine, comme l'a dit M. de Montalembert, il n'est pas un frein, comme l'a dit M. Guizot, il est un droit que le Créateur a donné à l'homme, non pour le punir et le contenir, mais pour l'élever.

Consultez le passé et vous verrez que quand le travail est une peine l'homme est esclave ; s'il est un frein, l'homme passe à l'état de salarié exploitable ; tandis que s'il est un droit, celui qui l'exerce est un citoyen libre. Or, dans une République, il ne doit y avoir que des citoyens libres.

Le droit au travail est la conséquence de la fraternité et de l'égalité, c'est la mise à exécution de ces grands principes posés par nos pères et emportés sans cesse par le vœu des réactions.

Est-ce qu'il est possible d'admettre que la société humaine doive laisser mourir de faim ceux de ses membres qui sont nés dans le prolétariat? Est-ce que dans une famille la sollicitude et les soins paternels ne sont pas acquis de préférence aux enfants qui souffrent?

Les citoyens de l'univers sont ensemble une grande famille dont le père est Dieu, et Dieu n'a pas d'enfants préférés.

Dans chaque pays l'État représente le père de famille ; chez nous plus qu'ailleurs puisqu'il est composé de citoyens nos égaux librement choisis par nous pour soutenir et diriger nos intérêts.

Loin de nous la pensée de faire le procès aux hommes de bonne foi qui ont regardé cette question comme pouvant compromettre l'équilibre social. Nous respectons toutes les convictions, même lorsque nous les croyons erronées. Nous essayons de les convaincre par le raisonnement et la discussion loyale, de même que nous nous hâtons de reconnaître le droit et la vérité partout où ils se manifestent à nos yeux.

Notre but en publiant ces lignes est de détruire des préventions que l'erreur a propagées et de prémunir en même temps les ouvriers contre des illusions trop éblouissantes qu'ont pu produire sur leur imagination surexcitée par la souffrance les théories aventureuses de quelques novateurs, dont le seul tort à nos yeux est d'avoir suivi trop loin peut-être les élans généreux qu'inspire l'amour de fraternité.

- Il faut qu'on sache bien que ce droit, comme tous les droits, correspond à un devoir, au devoir du travail ; de sorte qu'à côté de la dette de la société envers l'individu il y a la dette de l'individu envers la société.

Depuis que cette question s'est agitée dans les clubs, dans les réunions électorales, à la tribune de la Constituante, combien d'arguments spécieux, combien de sophismes ont été employés pour en falsifier le but et les conséquences ! nos hommes d'État les plus distingués, nos publicistes les plus éminents semblent s'être donné le mot pour étouffer la lumière qui rayonnait malgré leurs efforts rétrogrades.

Loin de nous la pensée présomptueuse de lutter avec de pareils antagonistes, les destinées de cette brochure ne sont pas aussi élevées. Ces lignes s'adressent au peuple, à ces ouvriers parmi lesquels nous avons constamment vécu, et vers lesquels nous portent toutes nos sympathies.

On a regardé le droit au travail comme une absurdité impossible. Avant de juger aussi préventivement une mesure à laquelle se rattache l'avenir d'une partie de la population ouvrière, il fallait au moins se rendre un compte exact de ce qu'on demandait et de ce qu'il est possible de faire avec ce principe, sans lequel aucun gouvernement démocratique ne saurait rester debout.

Le droit au travail est un principe normal organique
dont l'application est d'absolue nécessité dans une république égalitaire.

Est-ce à dire pour cela que cette application doive être
immédiate et générale, au lendemain d'une transformation
sociale comme celle qui a suivi la révolution de Février ?
personne n'a raisonnablement pu le croire, pas plus les
détracteurs que les partisans de ce principe.

En 1792 la liberté était une monstruosité, l'égalité un
scandale, la république une utopie généreuse mais impossible. L'initiation du peuple aux affaires publiques parais-
sait un acte de démence aux hommes d'État de l'ancienne
école. La démocratie faisait trembler l'ancienne société
jusque dans ses fondements.

Aujourd'hui rois et peuples se sont habitués aux formes,
aux agitations même qu'entraîne forcément avec lui l'exercice de la liberté ; les uns et les autres en apprécient la
bienfaisante influence, et reconnaissent qu'à côté de la
liberté destructive qu'ils avaient entrevue à travers leur
imagination préventivement effrayée, l'expérience leur a fai
découvrir une liberté conservatrice et progressive à la fois
qui apporte sur l'horizon qu'elle éclaire les bienfaits généreux de la fraternité humaine.

Ce qu'était la liberté en 1792, le droit au travail l'est
aujourd'hui. On regarde l'inscription de ce principe dans
nos lois comme devant renverser de fond en comble l'édi-
fice social, et l'on n'a pas songé que la démocratie mar-
chant toujours, quoi qu'on fasse pour l'arrêter, peut, d'un
jour à l'autre, demander à ses délégués compte de la souveraineté dont ils étaient momentanément dépositaires, et
l'on n'a pas ouvert les yeux sur les conséquences funestes
que promet à l'avenir cette négation absolue du droit qu'a
chaque citoyen de vivre par son travail.

Nos avocats doctrinaires, habitués à échafauder des plaidoiries sur un paradoxe, sur un sophisme, regardent comme une superfétation de demander le droit au travail, attendu, disent-ils, que dans notre législation actuelle rien ne défend de s'occuper à l'ouvrier laborieux, que le droit existe en ce sens que chacun peut l'exercer sans entraves.

Nous en savons tout autant. Il est bien vrai que la loi ne dit nulle part : L'ouvrier devra rester inactif dans telle ou telle circonstance, il lui faudra une autorisation pour exercer son industrie manuelle; mais vous savez bien, messieurs, que là n'est pas le mal, vous savez bien qu'il y a quelque chose de plus fort que votre éloquence, de plus fort que la loi même ; c'est le manque de travail.

Voilà l'écueil devant lequel viennent se briser le courage et l'intelligence du travailleur, voilà le fléau que vous ne pouvez comprendre, si, comme nous le pensons, vous n'avez jamais subi les angoisses de la faim.

Si au contraire vous avez vécu avec le peuple, si vous avez souffert des privations qui l'assiégent, si un seul instant vous avez aperçu la misère dans laquelle il naît, vit, et meurt le plus souvent, vous comprendrez, nous en sommes sûrs à l'avance, l'éloquence muette de son abnégation. Vous comprendrez enfin que s'il demande aujourd'hui l'inscription comme principe du droit au travail dans nos lois organiques, c'est pour avoir l'assurance que l'avenir amènera à ses enfants un peu plus de bonheur.

Nous avons entendu à la Constituante des orateurs soidisant démocrates combattre le droit au travail par des arguments de la force de celui-ci :

Si l'on admet ce principe il faudra que l'État se fasse agriculteur, manufacturier, commerçant, etc. , etc., qu'il monopolise grande et petite industrie, et prenne à son compte usines, propriétés agricoles, comptoirs de commerce et ateliers. Il faudra que chaque ville, que chaque commune soit érigée en succursale de cette spoliation universelle : par conséquent plus d'établissements particuliers, les maîtres seront forcés de redevenir ouvriers pour se faire employer dans les ateliers de l'État, contre lesquels ils ne pourraient soutenir la concurrence.

Oui, nous avons vu renouveler en raisonnements ces scènes ridicules qu'un vaudevilliste de mauvais goût a portées au théâtre et que des hommes sans entrailles allaient applaudir chaque soir. Et c'est avec de pareils moyens qu'on a privé le peuple du plus sacré de ses droits, de celui qui lui garantit l'existence, de ce droit que le Gouvernement provisoire avait si équitablement, si prudemment décrété.

A chacun ses œuvres, à chacun sa responsabilité. Certes ils auront à compter souvent avec leur conscience, les hommes qui ont refusé de sanctionner le décret du gouvernement provisoire. Quant à nous, nous ne pouvons que plaindre ceux d'entre eux qui, animés de bonnes intentions, ont néanmoins cédé à une influence rétrograde et funeste dont les conséquences n'ont pas été peut-être étrangères aux événements funèbres qui ont ensanglanté nos cités.

Nous écrivons ces lignes pour démontrer que le droit au travail n'est pas une utopie absurde et subversive, et que l'application n'en est pas aussi impossible qu'on l'a prétendu jusqu'ici.

Il faut d'abord faire pour le principe ce qu'on a fait en 1792 pour la liberté, le reconnaître, ensuite aviser aux moyens d'une application progressive dans un délai dont on s'efforcera d'abréger le terme.

Ces moyens sont simples, et certains cependant ; ils consistent à retirer des villes les bras qui chaque jour désertent les champs pour chercher dans les industries manufacturières une aisance qu'ils n'ont pu acquérir dans les exploitations agricoles.

Il faut rendre l'agriculture plus facile et plus profitable, en donnant à ceux qui l'embrassent les moyens d'amélio-rer de plus en plus le sol qu'ils arrosent de leurs sueurs.

Il faut combattre par des institutions rémunératrices ces tendances malheureuses qu'ont les paysans de se rapprocher des centres industriels, où ils occasionnent la misère, par la concurrence désespérée qu'ils font à leurs devanciers.

Il faut contraindre par la raison et la perspective certaine d'un meilleur avenir les citoyens à s'habituer de bonne heure aux travaux agricoles, qui seuls offrent des avantages dont la source n'est jamais entièrement tarie.

Sous une agriculture florissante, une nation est toujours sur le bord d'un abime. Pourquoi donc, avec tant de moyens d'amélioration, la France en est-elle encore réduite à voir le tiers de son territoire envahi par les landes et les bruyères? Pourquoi donc avec un sol qui pourrait nourrir cent millions d'individus est-on obligé de recourir quelquefois aux productions étrangères? Pourquoi donc enfin n'applique-t-on pas à l'intérieur de la France une mesure qu'on exporte sur le sable de l'Algérie?

On a transporté sous le climat brûlant de l'Afrique des familles entières d'ouvriers dont on craignait la présence à Paris; est-ce comme mesure de prudence? est-ce comme moyen de lier irrévocablement notre conquête problématique à la mère-patrie? Au second point de vue la colonisation algérienne est utile; mais ne vaudrait-il pas mieux encore employer l'argent et les sueurs du peuple à fertiliser les landes situées à quelques lieues de la capitale?

Quant aux craintes que pouvait inspirer aux ennemis de la révolution la présence à Paris de ceux qui l'avaient faite, nous pensons que le seul remède était de s'occuper sérieusement des réformes sociales inscrites en lettres de sang dans le programme de Février.

Les révolutions font au peuple l'effet de la neige sur le gibier : une partie meurt ou se laisse prendre dans les piéges que tendent ces hommes qui profitent de tout; l'autre, minée par la faim, devient agressive et dangereuse; c'est alors que ceux qui n'ont pas su prévoir frappent sans pitié, et acclament bien haut ensuite qu'ils ont sauvé le pays.

L'ouvrier qui travaille ne songe pas à s'insurger contre un ordre de choses qui lui garantit une aisance relative ; pour lui le meilleur Gouvernement est celui sous lequel il peut élever modestement sa famille et espérer un morceau de pain lorsque ses bras ne pourront plus diriger un outil. C'est donc vers ce but que doivent tendre les efforts de tous les vrais démocrates, de tous ceux qui ont accepté sans arrière-pensée les conséquences de la révolution de Février.

Pour donner un exemple du moyen que nous proposons, nous allons l'appliquer d'abord à notre localité, où la population se divise principalement en travailleurs des champs et ouvriers des fabriques.

Supposons que le droit au travail soit inscrit dans nos lois et qu'on procède dès à présent à une application progressive.

Supposons donc que sur une somme de cinquante millions par exemple que le budget de l'État affecterait à des travaux de colonisation agricole, la commune de Romorantin obtienne cent mille francs.

On pourrait avec cette somme acheter volontairement ou par expropriation pour cause d'utilité publique :

150 hectares de bruyères à 200 fr.   30,000 fr.

Diviser cette superficie en 10 parties égales dont on ferait autant d'exploitations;

Construction sur chacune d'elles des bâtiments d'habitation et d'exploitation dont le prix n'excéderait pas 5,000 fr. chacun, soit   50,000 fr.

Appeler ensuite des familles honnêtes et laborieuses, auxquelles on ferait la concession gratuite pour un terme déterminé, en donnant à ceux qui en auraient besoin l'avance nécessaire pour vivre en attendant les premiers produits, lesquels sont évalués par nous à 1,000 fr.   10,000

On aurait donc absorbé   90,000 fr.

Les 10,000 fr. restants serviraient à des dépenses ou nécessités imprévues.

Ces concessions gratuites auraient l'immense avantage de profiter aux cultivateurs et de fertiliser un pays qui ne pousse pas même de l'herbe en quantité suffisante pour nourrir les bestiaux rachitiques qu'il produit.

Le délai de gratuité expiré, on dirait au concessionnaire que s'il est en mesure de rembourser les avances faites par l'État sans intérêt, il peut devenir propriétaire de son exploitation. Cette perspective suffirait assurément pour encourager les efforts de celui qui verrait dans l'avenir une existence assurée.

Si cette opération se renouvelait chaque année, il est facile de calculer les résultats immenses qu'on obtiendrait tant à cause des travaux de construction qui alimenteraient les ateliers qu'en raison de la valeur incalculable que prendraient nos campagnes.

Chaque année 10 ménages quitteraient la ville, ce serait donc 50 ou 60 personnes dont la concurrence ne serait plus à redouter.

Si l'on veut réfléchir maintenant que la culture de la vigne a cela d'avantageux dans nos contrées que le vin nouveau peut être bu avant que les vignobles circonvoisins aient songé à cueillir le raisin ;

Et qu'en conséquence avec l'abolition des impôts sur les

boissons, il serait possible un jour de donner à l'exporta-
tion de nos vins un importance considérable ;

Que la proximité des forêts, dont les merrains s'écou-
lent avec beaucoup de frais de transport, rend la fabrica-
tion des futailles plus favorable encore :

On reconnaîtra facilement que nos moyens ne sont pas
aussi absurdes qu'on l'avait pensé d'abord.

Que ce système soit appliqué à nos départements du
centre, de l'est et de l'ouest, et l'on verra successivement
disparaître des villes ces agglomérations menaçantes dont
la politique la plus habile n'a jamais pu et ne pourra jamais
répondre.

Mais, objecte-t-on, si avec le budget des recettes tel
qu'il est établi vous trouvez les charges trop lourdes
quand il ne suffit [pas aux dépenses ordinaires, comment
voulez-vous augmenter les dépenses de 50 millions sans
pressurer jusqu'au sang les malheureux contribuables?

A cela il est facile de répondre. Nous ne demandons pas
qu'on amoindrisse le chiffre des recettes, que nous voulons
élever, au contraire ; seulement, nos moyens sont autres
que ceux de nos royalistes plus ou moins déguisés.

Nous voulons l'application sincère du programme répu-
blicain ; nous voulons demander moins au nécessaire, un
peu plus au superflu.

Nous voulons enfin l'impôt progressif et les banques
hypothécaires. Pour se rendre compte de ce que nous
demandons, il faut bien se pénétrer de ce qui existe.

D'après la Constitution de 1848 , chacun doit concourir
aux charges de l'État en proportion de sa fortune, quoiqu'il n'y ait pas de distinction entre fortune immobilière
ou consistant en propriétés, et fortune mobilière, consistant en capitaux. Messieurs les vautours de la finance,
qui, pareils aux chats, tombent toujours sur les jambes,

ont trouvé jusqu'ici le moyen de se soustraire à l'obligation commune.

Enfin il résulte de ces dispositions presque monar-
chiques que l'*alivrement*, ou somme à verser par 100 fr.
de revenu, ne varie jamais, quel que soit le chiffre élevé
auquel il s'applique. Ainsi, le propriétaire qui a 1,200 fr.
de revenu paiera 60 fr.; celui qui aura 12,000 fr. paiera
600 fr., et ainsi de suite; c'est comme si l'on disait : Chaque
ouvrier devra verser le vingtième de son salaire : celui
qui gagne 1 fr. donnera 5 c., il lui restera pour vivre
95 c.; l'autre qui gagne 2 fr. donnera 10 c., il lui restera
encore 1 fr. 90 c. Voilà l'impôt proportionnel; l'un pour
satisfaire le fisc sera obligé souvent de se priver du nécessaire, tandis que l'autre ne touchera qu'un peu au superflu.

L'impôt progressif, au contraire, se calcule sur une
autre base; ainsi on dit : Si le possesseur de 1,200 fr. de
revenu doit faire l'abandon de la vingtième partie, ce qui
nécessairement le prive dans ce dont il a besoin, il est
juste que celui qui possède le double soit proportionnelle-
ment et progressivement plus frappé, puisqu'il lui sera
plus facile de vivre aisément avec 2,200 fr. de rente qu'il
lui restera peut-être, que le premier avec 1,140 fr.

De même que si les 20 sous que gagne l'ouvrier sont
impérieusement nécessaires à son existence et que néanmoins on le force d'en donner le vingtième, il sera bien
plus frappé que celui qui gagnera le double et qui aura
versé dans la même proportion.

Avec notre système, nous disons : Il ne faut rien demander à celui qui a peine à vivre, et frapper un peu plus
celui qui est au-dessus du besoin, en augmentant progressivement au fur et à mesure du chiffre de la fortune.

Qu'on ne s'y trompe pas, ce n'est pas la guerre aux
riches que nous voulons, mais la répartition beaucoup

plus équitable des charges, qui , après tout, ne profitent pas beaucoup à ceux dont elles meurtrissent le plus les épaules.

Ce système présente sans doute des difficultés pour son application ; la principale , selon nous , est qu'il frappe un peu plus ceux qui sont chargés de diriger nos affaires ; aussi, ne doit-on pas s'étonner qu'il ait autant de détracteurs. Quant aux banques hypothécaires, nous allons, autant que le permet le cadre de cette brochure, en donner une idée à nos lecteurs, et leur démontrer que , sans surcharger les contribuables, on peut énormément augmenter les ressources de l'État.

Supposons qu'un citoyen jouisse de la confiance publique à tel point qu'un morceau de papier signé par lui soit pris pour 100 , 200 , 500 , 1,000 fr. , selon qu'il aura inscrit le chiffre de l'une de ces sommes ; un autre citoyen a besoin d'emprunter, il va trouver le premier et lui dit : J'ai besoin de 500 fr. pour lesquels je donnerais une garantie qui en vaut 750 ; je ne vous demande pas d'écus, votre papier me suffira , mais je ne veux payer que 3 p. 100 d'intérêts. L'affaire se fait, et le prêteur gagne tout l'intérêt dont on lui tient compte , puisqu'il n'a donné en échange de l'obligation qu'un petit morceau de papier sans valeur intrinsèque.

Au lieu d'un simple citoyen, supposez que le prêteur soit l'État et que le chiffre sur lequel on opère soit 10 à 12 milliards, montant approximatif de la dette hypothécaire actuelle, et vous verrez le Trésor public profiter d'un bénéfice annuel de 250 millions, en même temps que les emprunteurs profiteront d'un bénéfice à peu près égal, puisqu'ils paient aujourd'hui au moins 6 p. 100.

A ces avantages il vient s'en joindre un autre qui est immense. Souvent l'agriculteur hésite à contracter des emprunts dans la crainte de ne pas être en mesure de rembourser à une échéance que MM. les notaires ont toujours le soin de rendre prochaine ; avec les banques hypothécaires, cet inconvénient capital n'existe pas ; on demande au débiteur 1 p. 100 par an en plus de l'intérêt, et cette faible somme sert à l'amortissement de la dette , en sorte que l'homme d'ordre est certain de se libérer en quelque sorte sans s'en apercevoir.

Nous n'avons jeté ici qu'une esquisse tout-à-fait sommaire de ces institutions qui doivent changer la face de notre agriculture et de notre commerce. Chacun comprendra que les capitaux actuels , obligés d'entrer en concurrence avec ce nouveau mode de crédit, se porteraient de préférence vers le commerce et l'industrie, qui offrent en apparence des bénéfices supérieurs.

Quelques détracteurs de tout ce qui est innovation comparent aux assignats de l'ancienne République les coupons que délivrerait l'État. Ce raisonnement est si peu fondé qu'il tombe de soi dès qu'on se donne la peine d'y réfléchir. En effet , la valeur nominative d'un coupon ne serait que la repésentation des trois quarts de la valeur évaluée de l'*immeuble garanti*, de sorte qu'un bon de 100 fr. serait garanti par un immeuble de 130. Qui donc refuserait un pareil moyen de transaction ?

Plus tard , lorsque la bienfaisante influence de cette institution, qui fonctionne dans le nord de l'Allemagne, aurait convaincu les plus rebelles, nous demanderions qu'elle fût étendue à la valeur morale du citoyen. Nous demanderions que le crédit pût s'appliquer à la bonne conduite , à l'habileté , à la probité reconnue du commerçant, de l'ouvrier et de l'industriel , ainsi qu'à l'intelligence de l'homme de cabinet. Nous demanderions en outre que les salaires étant mis au niveau des besoins, chaque ouvrier, chaque travailleur fût obligé de verser chaque semaine une somme qui constituerait à son profit, dans les caisses du Trésor public, un fonds de retraite pour le temps où le travail n'est plus possible. Ces idées seront ultérieurement développées pour que chaque travailleur en comprenne la portée et se familiarise avec l'espoir de voir son avenir assuré par la République démocratique et progressive.

Maintenant que nous avons à peu près rempli notre tâche, il ne nous reste plus qu'à déclarer ici qu'en jetant en même temps un cri de détresse et un cri d'espérance, nous n'avons pas écrit un seul mot dans cette brochure qui n'ait pour objet de concentrer les efforts de tous les bons citoyens dans un but d'union fraternelle qui réalise enfin le programme de notre révolution.

Nous ne saurions trop élever la voix pour repousser avec indignation ce que des misérables cherchent à insinuer dans l'opinion publique sur nos intentions dans le cas où nos idées triompheraient.

Nous le déclarons hautement, nous ne voyons de salut pour notre pays qu'avec la démocratie. Mais jamais nous ne consentirions à prêter les mains à quoi que ce soit de contraire à la justice et à l'équité. Nous sommes, et nous l'avons prouvé déjà, esclaves de notre devise républicaine : *Ne fais pas à autrui ce que tu ne voudrais pas qui te fût fait.* Ceux qui nous accusent aujourd'hui seraient-ils en état d'en dire autant ?

En terminant, qu'il nous soit permis de citer quelques passages d'un discours sur le droit au travail, prononcé par M. de Lamartine, le 14 septembre 1848, à la Constituante :
« Le droit au travail n'a pas pour objet de concéder au citoyen un titre impératif contre la société; ainsi compris, il serait impossible. Ce que je vous demanderai d'écrire dans la Constitution, c'est le droit pour tout citoyen, sous les lois bienfaisantes de la République, de ne pas mourir de faim.

« C'est ainsi que nous-mêmes, Gouvernement provisoire, avons décrété le droit au travail devant ce peuple qui avait encore les armes à la main et qui n'en a pas abusé. C'est ainsi qu'au lieu du pillage, du pillage menaçant avec la misère, nous avons vu régner dans nos rues l'ordre et le respect de la propriété. Rendez donc justice à ce peuple qu'on a calomnié, à ce peuple qui n'a rien demandé que de possible.

« Il ne dépend pas de vous de mettre le sceau sur la bouche d'un million d'hommes qui demandent du pain. Il n'y a qu'un seul moyen d'enlever le prétexte aux factions, c'est de leur enlever leur programme, à leurs excitations une portion de vérité, toute portion de justice qui existe dans ces programmes.

« 1789 eut pour mission d'élever le Tiers-État au rang de puissance politique ; la République de 1848 a une mission plus belle encore, c'est d'élever le cœur de ses enfants à la hauteur de la fraternité, c'est d'éteindre toutes les divisions en proclamant hautement le droit de vivre par le travail, et la proclamation de cette vérité est un devoir, non pas seulement comme hommes, comme chrétiens, mais comme législateurs prudents qui ont un long avenir devant les yeux. »

Nous savons que depuis, dans son *Conseiller du Peuple*, l'orateur brillant et généreux qui prononçait ces nobles paroles en faveur de la démocratie lorsqu'il n'écoutait que les inspirations de son cœur a semblé prendre à tâche de salir ce qu'il avait exalté. C'est une aberration inhérente au génie, dont la démocratie n'aura jamais la force de faire un crime à celui qui a été son interprète aussi fidèle que convaincu. Quoi qu'il dise, quoi qu'il fasse, quoi qu'il écrive, dorénavant les plus belles pages de sa vie seront celles où il inscrira ce qu'il a fait pour le peuple.

A MES CONCITOYENS.

Mes amis, mes frères,

Pour celui dont les intentions sont pures, pour celui dont la conviction n'a jamais varié, pour celui qui peut ouvrir sa vie tout entière sans que qui que ce soit y trouve un acte réprouvé par la probité et la justice, qu'importe la calomnie.

On me regarde, on me désigne tout bas comme le chef d'un parti qui, dans notre ville, veut s'établir sur le vol et le pillage. Les honnêtes et modérés m'appellent entre eux le chef de la canaille; cette accusation me fait sourire de pitié pour ceux qui l'ont portée. Vous le savez tous, vous pour qui j'écris ces lignes, vous travailleurs, sans autre fortune que votre courage, si jamais dans nos réunions un seul mot est sorti de ma bouche qui fût en désaccord avec le devoir d'un bon citoyen. Vos sympathies me suffisent : à vous donc tous mes efforts, à vous donc toute ma vie, et que Dieu nous vienne en aide pour établir un jour la vraie liberté, la vraie égalité, et surtout la vraie fraternité.

Patience, courage, résignation, persévérance surtout. C'est là la théorie des vrais démocrates; peut-être le temps est-il proche où la vérité surgira triomphante des embûches que lui dressent ceux qui épuisent vainement leurs forces pour la comprimer.

Romorantin, le 22 septembre 1849.

EM. VILLONNIERS.

FIN.